7 Pasos para vivir cerca de Dios

VICTOR ROUDE

Copyright © 2014 Victor D Roude
"7 pasos para vivir cerca de Dios"
All rights reserved.
ISBN-13:978-9872953928
ISBN-10:9872953929

Registro
Librería del Congreso,
Estados Unidos de América

Esta publicación no puede ser reproducida en todo ni en parte, ni registrada por un sistema de recuperación de información, en ninguna forma ni por ningún medio, sea mecánico, fotoquímico, electrónico, magnético, electróptico, por fotocopia, o cualquier otro, sin el permiso previo y por escrito de su autor.

Índice

Opiniones

Prologo

Introducción

Capítulo 1) ....Amor

Capítulo 2) ....Fe

Capítulo 3) ....Generosidad

Capítulo 4) ....Aceptación

Capítulo 5) ....Propósito de vida

Capítulo 6) ....Positivismo

Capítulo 7) ....Oración

Prefacio

Agradecimientos

Sobre el Autor

Opinión de los lectores

Este libro es de fácil lectura y comprensión, el mismo nos demuestra la manera de enfocar la vida personal, profesional y familiar para tener una vida espiritual equilibrada, y un camino hacia una vida maravillosa.

Si todos practicáramos estos 7 pasos este mundo sería feliz y mejor.

Dra. Olga Astudillo
Cali, Colombia

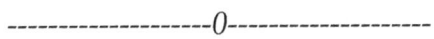

DIOS, Jehová, Jesús, Buda, Alá, ... El Universo, la Madre Naturaleza, el todo... son nombres con los que los seres humanos desde el principio de los tiempos han creado para representar aquello que siente, que percibe pero que no alcanza a comprender materialmente ¿quién o qué es...? ¿A dónde va...? ¿Para qué o Por qué va...

El libro en su desarrollo sigue una metodología deductiva partiendo del concepto de amor, claro y al punto. Los ejemplos son acordes a lo que se expresa, se entiende bien hacia dónde va el sentimiento en el encuentro con Dios.

¡La Fe fue lo que me salvo! Sentir que no hay nada más poderoso que Dios y que está contigo es una fuerza infinita que te ayuda a lograr "imposibles" para el género humano. Superas todos los obstáculos y la incertidumbre no existe.

Dar sin esperar nada a cambio es una fortuna que se te regresa 70 veces 7.

El ser humano debe estar consciente de su importancia y la prosperidad que esto provoca en el mundo y en el universo.

La generosidad debe empezar por uno mismo, proveyéndose todo lo que se necesite y se requiera para ser feliz. Esto no siempre son bienes materiales.

Cada uno tenemos nuestro propio concepto de felicidad y que es lo que lo provoca.

Frases bien pensadas y ocupando el lugar justo para reafirmar la idea que se expresa.

Aceptarme tal como soy y porqué soy, dejar de juzgar y fluir para ser... ¡¡¡AMARME!!!

Entrar en contacto con el Padre Eterno descubrir que siempre ha estado aquí y que vive eternamente en mí....

Misión de vida: ¡¡¡¡ATRAER A MI VIDA LO QUE ME HACE PLENA Y FELIZ!!!

Claudia Elena Rodríguez Mendiola
Durango, Durango. México

--------------------0--------------------

"7 pasos para vivir cerca de Dios" es un libro que nos permite recordar ciertas virtudes o fuerzas internas que todos tenemos, pero a menudo olvidamos.
Si uno pudiera cada día recordar estos conceptos y sugerencias podríamos modificar nuestras actitudes, acciones y pensamientos que no nos ayudan a nuestro crecimiento personal y así poder convertirnos en seres conscientes, conectar con lo divino en nosotros mismos y estar más cerca de la Fuente.

Prof. Sandra Bertolussi
Argentina

---------------------0--------------------

Respecto al libro 7 Pasos para vivir cerca de Dios, es un libro inspirador, va directo al punto, ameno, que motiva a seguir leyendo da los consejos, recopila conceptos de diferentes personajes famosos. La parte que más me agrado fue la de la meditación diaria poder aquietar nuestra mente para calmar el stress diario, también me agrado mucho la historia de la fábula de la tortuga.
Gracias y felicitaciones de nuevo a Victor Roude por este maravilloso libro y por sus valiosos consejos

Elisa Ortiz
EEUU

Al leer una y otra vez el libro de Víctor Roude entendí con profundidad lo que dice en la introducción, "sería un buen comienzo que reconozcamos el habernos convertido en muy malos practicantes de la comunicación " y si ya sea al comunicarnos con Dios, con la pareja, o el amigo, falta poner el corazón en la mano.

Así nos lleva de la mano a descubrir las virtudes, amándonos, cuidándonos, respetándonos, a tener Fe, viendo más allá, del horizonte y sabernos poseedores de ese Dios misericordioso en nuestro interior, a practicar la generosidad, donándonos en el amor, la amistad, el servicio.

Víctor nos conduce en su libro los 7 pasos para vivir cerca De Dios a soltar el Juicio, preguntándonos "acaso soy perfecto?"
A encontrar el Propósito de Vida siguiendo nuestro corazón.

Entender que todo lo que nos ocurre es positivo, soltando el control.

Y para cerrar con broche de oro nos conduce a la oración.

La oración a través de la meditación.

La oración para mi es la escalera que conduce a Dios y a través de estas 7 virtudes, Víctor nos guía y acompaña en cada escalón para encontrar Paz, Certeza, Fe y Esperanza.
Gracias Víctor.

Lic. Guadalupe Coello Macias
México

---------------------0---------------------

El libro es excelente, tienes un asertividad fino respecto de la naturaleza humana y divina, recomiendo en líneas generales, que este libro sea releído unas cuantas veces, pues en cada revisión se pueden obtener informaciones relevantes para el acercamiento y conexión individual con Dios.
En forma anexa te recomiendo al lector resaltar algunas frases, de gran significado. Y sin duda la inspiración que Victor ha tenido al escribirlas, que te entregan un gran contenido y preponderancia a la hora de entender a Dios desde nuestra naturaleza humana.

Lic. Elizabet
Santiago Chile

--------------------0--------------------

El libro 7pasos para vivir cerca de Dios,es una guía que ayuda a profundizar el diálogo con nosotros mismos y con el Creador.
Pero a la oración y veneración hay que sumarle la propia voluntad y responsabilidad, pues de lo contrario el solo,no puede hacer milagros. Este libro fue escrito e inspirado en la Luz divina y deja un mensaje bien claro: primero hay que desear y segundo creer que lo puedes lograr. Si lo prácticas lo puedes confirmar.

Sra Beatriz Dagotto
Santa Fe , Argentina

--------------------0--------------------

Considero que este libro es una guía de vida.

El mismo me inspira a recorrer mi interior, y así llegar a mis fibras más íntimas, reconociendo mi esencia y de esa manera practicar mis virtudes, me enseña a tener un dialogo sincero conmigo misma para con Dios y mis semejantes.

Gracias Victor Roude por allanar mi camino

Adriana Depetrini
Santa Fe, Argentina

Prologo

Victor Roude ha escrito numerosos libros sobre filosofía y religión que ayudan a sus lectores que se esfuerzan por convertirse en la mejor persona posible.

Sus estudios destacan la variedad de percepciones y compromisos personales que pueden integrarse en nuestra vida cotidiana.

Los estudios de Victor simplifican el estudio humano de aquellos conceptos que dirigen nuestro pensamiento y toma de decisiones.

Con mis mejores deseos Marilyn.

MK Hankins
Profesora Universidad de Orlando,
Florida, EEUU

Introducción

¿Cómo crees que Dios te acompaña a lo largo de la vida?

Cuando pensamos en acercarnos a Dios en nuestra cultura occidental, lo asociamos automáticamente a la oración o el participar de un acto religioso sea cual fuere tu religión o culto.

La verdad es que deseamos una vida plena de cosas materiales y no materiales, cuando las cosas se ponen difíciles recordamos a Dios, lo invocamos esperando que nuestros pedidos sean escuchados, entonces prometemos, suplicamos o imploramos por ayuda, de esta manera deseamos ver cómo, los milagros se producen, en nuestras vidas.

Hemos cultivado la cultura de que un Ser superior, que está disponible 24 /7 o sea 24 horas al día 7 días de la semana para venir en nuestra ayuda o bien para agradecerle por los favores recibidos.

Pero es importante que sepamos que la oración o venerar al Ser superior no producen milagros por sí mismo, Dios te ayuda, pero también nosotros tenemos que hacer nuestra parte y para que eso ocurra, a lo largo de este libro podrás ir descubriendo como se produce la mágica conexión.

Solo piensa que cuando no se cumple el pedido, lo que está pasando es que nosotros los seres humanos somos los que estamos teniendo dificultades para comunicarnos.

¿Porque se nos hace tan difícil la comunicación?

Estamos deseosos de sentir esa presencia de manera intensa y el contacto dependerá solo de nosotros, ¿cómo se refleja esta comunicación?

Gran parte de esa mala comunicación, es en su mayoría, producto de nuestra actual forma de vida, ya sea al actuar o al pensar y de la manera que lo hacemos, es lo que hace la diferencia de sentir y ver manifestada la presencia de Dios.

Sería un buen comienzo que reconozcamos el habernos convertido en muy malos practicantes de la comunicación, ya sea con Dios o con las personas y empezamos a incomunicarnos cuando no nos hacemos responsables de nuestras vidas y atribuimos nuestros desaciertos y mala suerte a todo menos a nosotros mismos.

Nos resultaría más simple o menos complicado pensar que de esta manera no cargamos con tanta responsabilidad, y en este camino, pensamos que Dios o los milagros no se producen porque:

No tenemos tiempo, trabajamos mucho, nos falta dinero, ella… no me lo permite, él… no me deja, el gobierno no hace las cosas bien y así puedes seguir tú con tus propias excusas…

Si te has identificado con alguna de estas afirmaciones te diré que no son verdades, solo muy comunes y populares argumentos que te ayudan a estar alejado de Dios (o fuente de vida) llámalo como tú más lo desees ya seas que practiques el catolicismo, judaísmo, hinduismo, budismo o sea cual fuere tu religión o creencia.

Si tu deseo es estar conectado con Dios y realmente piensas y necesitas que la conexión haga tu vida diferente, sigue leyendo, al final, espero así sea… sentirás y sabrás que la conexión con Dios la puedes decidir y hacer cuándo y dónde quieras, y a partir de ese momento no serás ya la misma persona tampoco tu vida será la misma, desarrolla cada paso de este camino como una virtud y estarás en el rumbo.

Virtud

Recuerdo una historia contada por un amigo en común del protagonista.

El hecho ocurrió en fecha cercana a Navidad.

Este amigo salía de un centro comercial, con otra persona, dirigiéndose al parking, mientras se acercaba a su carro, encuentra un billete de $ 20 dólares, automáticamente su amigo, ¡¡exclamo WOW!! que suerte que tienes.

Pero la actitud de mi amigo fue completamente diferente, él se preguntó quién habrá perdido este dinero, pensando que alguien, posiblemente pensaba en hacer un regalo y no iba a poder, después de haber extraviado el dinero.

Su amigo insistió, ¡celebremos!... podemos gastarlo, pero Dany (llamaremos a mi amigo) solo tenía en su mente en que el dinero llegara a manos de su legítimo dueño.

Con este pensamiento en su mente, le pidió a su amigo que lo ayude a preguntar a las personas que transitaban la zona si habían perdido algo.

Al rato de hablar con muchas de ellas, el amigo insistió en que no tenía sentido continuar preguntando.

Y ante la realidad de no encontrar a su legítimo dueño, accedió en darle uso a ese dinero, compartiéndolo con quien lo acompañaba.

Esta historia, nos describe la actitud de una persona virtuosa en esencia, de esta manera podemos entender con más facilidad el concepto.

Virtud es la fuerza interior de cada persona para tomar y llevar a término las decisiones correctas en las situaciones más adversas para tornarlas a su favor, el virtuoso es aquella persona que está en camino de ser sabio/a, porque sabe cómo llegar a sus metas sin pisar las de los otros, porque pone a los demás de su lado y los lleva a alcanzar un objetivo común.

El virtuoso es aquella persona que "sabe ir contra la corriente".

Es el alma y el espíritu el ser o el no ser de cada persona usando su corazón como el supremo mediador.

Capítulo I

Amor

Dios nos demuestra su amor, ayudándonos y permitiéndonos que manifestemos el nuestro.

A partir de esta frase podemos construir un concepto diferente, si bien sabemos que Dios es amor, la siguiente pregunta sería ¿cómo lo manifiesta?

Dios lo manifiesta, permitiendo e induciéndonos a actuar y sentir con amor, no solo coloca la semilla de amor en nuestro corazón, sino que nos ha dado las herramientas para que la hagamos germinar, ¿cómo es que sabemos esto?

En cada oportunidad de actuar con amor o de ejercer las cualidades que te brinda el sentimiento, Dios está contigo.

Esta palabra tan popular y tan mal usada en muchas oportunidades es muy simple de explicar, pero no muy fácil de practicar.

La actual forma de vida nos ha llevado a educarnos como que todo lo que tiene que explicarse como acto de amor, se le da un cariz de bondad y entrega, así en ese camino se ha usado la palabra amor como un cliché publicitario, cuando en realidad lo que no aprendimos es como practicarlo.

Si necesitamos ayuda para entender la palabra AMOR podemos mencionar algunas personas que han hecho de este sentimiento una forma de vida, encontramos a la Madre Teresa de Calcuta, Mandela, Mahatma Gandhi, por mencionar algunos, contemporáneos.

La madre Teresa nos decía:

Ama hasta que te duela. Si te duele es buena señal.
El amor, para que sea auténtico, debe costarnos.
Cada obra de amor, llevada a cabo con todo el corazón, siempre logrará acercar a la gente a Dios.
No podemos hacer grandes cosas, pero sí cosas pequeñas con un gran amor.
Nuestra tarea consiste en animar a cristianos y no cristianos a realizar obras de amor.

Lo que importa es cuanto amor ponemos en el trabajo que realizamos.
Amo a todas las religiones, pero estoy enamorada de la mía.
Jesús es mi Dios, Jesús es mi Esposo, Jesús es mi Vida, Jesús es mi único Amor, Jesús es todo mi ser, Jesús es mi todo.

Madre Teresa de Calcuta (1910-1997)

No creo necesario hablar de la trayectoria de vida de la madre Teresa que practicó el amor hasta hacerlo una forma de vida dando a todas las personas enfermas y no enfermas un ejemplo de entrega al prójimo.

Otros pensadores también definieron la palabra:

"Amar no es solamente querer, es sobre todo comprender".

Françoise Sajan (1935-2004)
Escritora francesa.

"Aprendemos a amar no cuando encontramos a la persona perfecta, sino cuando llegamos a ver de manera perfecta a una persona imperfecta".

Sam Keen *(1931-?)*
Escritor, profesor y filósofo americano.

"La gente tiene que aprender a odiar, y si ellos pueden aprender a odiar, también se les puede enseñar a amar, el amor llega más naturalmente al corazón humano que su contrario".

Nelson Mandela *(1918-2013)*
Abogado y político sudafricano.

"Para una persona no violenta, todo el mundo es su familia".

Mahatma Gandhi *(1869-1948)*
Político y pensador indio.

"El amor jamás reclama; da siempre. El amor tolera, jamás se irrita, nunca se venga"
Indira Gandhi *(1917-1984)*
Estadista y política hindú.

"Un cobarde es incapaz de mostrar amor; hacerlo está reservado para los valientes".
Mahatma Gandhi *(1869-1948)*
Político y pensador indio.

"Ama y haz lo que quieras. Si callas, callarás con amor; si gritas, gritarás con amor; si corriges, corregirás con amor, si perdonas, perdonarás con amor".
San Agustín *(354-430) Obispo y filósofo.*

"Amar es encontrar en la felicidad de otro tu propia felicidad".
Gottfried Leibniz *(1646-1716)*
Filósofo, físico y matemático alemán.

En la biblia encontramos el amor:

"El amor es sufrido, es benigno. El amor no tiene envidia, el amor no es jactancioso, no se envanece. No hace nada indebido, no busca lo suyo, no se irrita, no guarda rencor. No se goza de la injusticia, más se goza de la verdad. Todo lo sufre, todo lo cree, todo lo espera, todo lo soporta. El amor nunca deja de ser."

1ra de Corintios 13:4-8 La Biblia

"Hacerlo todo por amor"

I Corintos 16: 14 La Biblia

¡Fíjense que gran amor nos ha dado el Padre que se nos llame hijos de Dios¡!

1Juan 3:1 La Biblia

Y ahora permanecen la Fe, la Esperanza y el Amor, los tres, pero el mayor de ellos es el Amor.

Corintios 13:13 La Biblia

El que ama, construye.
I Corintos 8: 1 La Biblia

"Os doy un mandamiento nuevo: Que os améis unos a otros. Como yo os amé que así también vosotros os améis mutuamente. En esto reconocerán todos que sois mis discípulos, si os amáis unos a otros."

San Juan 13:34-35 La Biblia

Hay infinidad de invocaciones en la biblia sobre el Amor, pero solo se ha rescatado algunas para ilustrar como esta expresada y aplicada.

Buda también nos dejó una lección.

QUIEN AMA, NO NECESITA PERDONAR

Estaba Buda meditando en la espesura junto a sus discípulos, cuando se acercó un detractor espiritual que lo detestaba y aprovechando el momento de mayor concentración del Buda, lo insultó lo escupió y le arrojó tierra.

Buda salió del trance al instante y con una sonrisa plácida envolvió con compasión al agresor; sin embargo, los discípulos reaccionaron violentamente, atraparon al hombre y alzando palos y piedras, esperaron la orden del Buda para darle su merecido.

Buda en un instante percibe la totalidad de la situación, y les ordena a los discípulos, que suelten al hombre y se dirige a él con suavidad y convicción diciéndole:

- "Mire lo que usted generó en nosotros, nos expuso como un espejo muestra el verdadero rostro. Desde ahora le pido por favor que venga todos los días, a probar nuestra verdad o nuestra hipocresía. Usted vio que en un instante yo lo llené de amor, pero estos hombres que hace años me siguen por todos lados meditando y orando, demuestran no entender ni vivir el proceso de la unidad y quisieron responder con una agresión similar o mayor a la recibida.

Regrese siempre que desee, usted es mi invitado de honor. Todo insulto suyo será bien recibido, como un estímulo para ver si vibramos alto, o es sólo un engaño de la mente esto de ver la unidad en todo".

Cuando escucharon esto, tanto los discípulos como el hombre, se retiraron de la presencia de Buda rápidamente, llenos de culpa, cada uno percibiendo la lección de grandeza del maestro y tratando de escapar de su mirada y de la vergüenza interna. A la mañana siguiente, el agresor, se presentó ante Buda, se arrojó a sus pies y le dijo en forma muy sentida.

No he podido dormir en toda la noche, la culpa es muy grande, le suplico que me perdone y me acepte junto a Usted"

Buda con una sonrisa en el rostro, le dijo:

"Usted es libre de quedarse con nosotros, ya mismo; pero no puedo perdonarlo"

El hombre muy compungido, le pidió que por favor lo hiciera, ya que él era el maestro de la compasión, a lo que el Buda respondió:

- "Entiéndame, claramente, para que alguien perdone, debe haber un ego herido; solo el ego herido, la falsa creencia de que uno es la personalidad, ese es quien puede perdonar, después de haber odiado, o resentido, se pasa a un nivel de cierto avance, con una trampa incluida, que es la necesidad de sentirse espiritualmente superior, a aquel que en su bajeza mental nos hirió. Solo alguien que sigue viendo la dualidad, y se considera a sí mismo muy sabio, perdona, a aquel ignorante que le causó una herida".

Y continuó: "No es mi caso, yo lo veo como un alma afín, no me siento superior, no siento que me haya herido, solo tengo amor en mi corazón por usted, no puedo perdonarlo, solo lo amo.

"Quien ama, ya no necesita perdonar."

El hombre no pudo disimular una cierta desilusión, ya que las palabras de Buda eran muy profundas para ser captadas por una mente llena todavía de turbulencia y necesidad, y ante esa mirada carente, Buda añadió con comprensión infinita:

- "Percibo lo que le pasa, vamos a resolverlo: Para perdonar, ya sabemos que necesitamos a alguien dispuesto a perdonar.

Vamos a buscar a los discípulos, en su soberbia están todavía llenos de rencor, y les va a gustar mucho que usted les pida perdón. En su ignorancia se van a sentir magnánimos por perdonarlo, poderosos por darle su perdón, y usted también va a estar contento y tranquilo por recibirlo, va a sentir un reaseguro en su ego culposo, y así más o menos todos quedarán contentos y seguiremos meditando en el bosque, como si nada hubiera pasado"

Todos tienen su concepto del amor, pero el válido es cuando se practica, como practicas el Amor en ti mismo: deja tu ego de lado, amate sanamente, cuídate, no te hagas daño, corrige las actitudes y pensamientos que te hagan sufrir y por sobre todas las cosas acéptate como un ser único y especial, tal como eres y sabrás aceptar a los demás y a las cosas que te pasan con amor ya que cuando lo practiques en ti mismo sabrás como amar a los demás y a todo lo que te rodea.

Y a las demás personas demuéstrales tu amor con gestos simples, practica la empatía, saluda a tus amigos en sus cumpleaños, acompáñalos en los momentos difíciles, no los cuestiones, y sobre todo respétalos.

Dios estará a tu lado en cada acto de amor susurrándote al corazón, dándote luz a tu conciencia y permitiendo despertar esa sensación indescriptible de paz.

Sabes… ya estas comunicándote y cuando más lo practiques, Dios estará en tu vida a cada momento.

Capitulo II

Fe (Creer)

La Fe, no es considerada una virtud, hasta que la practicamos correctamente, y a partir de eso se convierte en tal.

En mi libro "El Nuevo Ser Humano" hable de la Fe:

La fe es una palabra y se le suele dar diferentes interpretaciones.

¿Qué significa y cómo aplicarla? Desde que el mundo es mundo se ha utilizado para motivar e incentivar las voluntades del ser humano pero realmente sabemos su significado o lo que es más interesante aún ¿sabemos cómo aplicarla para nuestro beneficio?.

Una de las características que nos hace tan humanos es la de no practicar lo que profesamos, eso nos lleva al otro punto, ¿por qué cuesta tanto trabajo, llevar a cabo o ejercer lo que sabemos que nos hace bien? Todo el mundo tiene fe en algo.

Algunos tienen fe en el fracaso, en la enfermedad, en los accidentes y en el infortunio.

Cuando tú oigas incitaciones a tener fe recuerda que ya la tienes, la pregunta será, ¿cómo la estás usando?
¿Positiva, o negativamente?

Fe es la seguridad de que su pensamiento es verdadero, por lo tanto, creer es aceptar definitivamente una cosa como verdadera.

La mente también tiene sus leyes y no fallan si se las sabe usar por eso:

"El pensamiento crea, el deseo atrae y la fe realiza"

Si dudamos en lo que queremos o no crees en lo que pides para ti, estas mandando órdenes opuestas y conflictivas a tu subconsciente, el subconsciente es un empleado que no discute y no razona, no selecciona, y no cuestiona sus directivas, inmediatamente empezara a obedecer, y se pondrá en marcha para generar.

La fe nace con nosotros, el tema es como la usamos.

"La fe te permite ir más allá de lo que los ojos le permiten ver".

Victor Roude

Escritor Latinoamericano

Se dice que las cosas se crean dos veces, la primera en nuestra mente, y la segunda físicamente, así es una de las maneras en que la fe trabaja, una vez que concebiste algo y crees que lo puedes materializar estas teniendo fe.

De esta manera podemos decir que la fe es confiar anticipadamente en lo que aún no ha pasado.
"La fe te dará paz"

Esto se explica que cuando tienes la convicción de algo, ya dejas de preocuparte, tu fe hace que ya lo veas realizado y no debes pensar en ello reiteradamente, eso te da la serenidad y paz que de otra manera solo estarías ansioso y temeroso de que no se pudiera realizar

"La Fe te da salud "

Cuando tienes fe los mecanismos orgánicos y químicos se activan en el cuerpo, y tener fe en que tu salud es perfecta o que puedes curar alguna enfermedad, es lo que hace que tu cuerpo actúe de manera inteligente para eliminar o mejorar cualquier estado de cambio químico que pueda terminar en enfermedad, hoy las personas que desarrollan la fe son más saludables.

La preocupación complica la solución de un problema porque baja el nivel de la energía natural y vibratoria.

En nuestra cultura está "bien visto" y se considera normal que una madre se preocupe por su hijo.

Sin embargo, desde el punto de vista espiritual, la preocupación puede ser muy dañina porque aumenta la fe en lo negativo y agrava el problema.

La mejor manera de ayudar a una persona es "ocuparse" de ella para que mantenga la fe bien alta y piense en una solución feliz del problema.

Una madre que se angustia por la enfermedad de su hijo está demostrando tener más fe en la enfermedad que en la recuperación de su salud por lo tanto, su preocupación está ayudando a que su hijo se enferme aún más.

En ese caso, la madre deberá primero curar sus propios miedos para luego intentar ayudar a su hijo.

Esto no significa ser indiferente al problema, sino todo lo contrario, la diferencia esencial reside en que debe mantener toda la atención posible en la feliz solución.

La Fe de la madre en la curación de su hijo será la mejor ayuda que él pueda recibir.

La Fe te da fuerza para emprender y hacer lo que nadie, solo tú puede ver, de esta manera tienes ayuda extra para concretar tus proyectos.

No se puede vivir de la Fe de otra persona, tu fe es algo personal.

Todas estas estrofas afirman de qué manera la Fe se pone en práctica, lo más importante es hacer que esta Fe sea parte de nosotros y la apliquemos también como parte esencial de nuestra existencia.

Creo que la Fe solo es manifestar o creer en nuestro ser.

"La Fe es Amor, el Miedo es Creencia"

El Ser sabe que queremos y si creemos en eso y actuamos en consecuencia es una manera que estaremos manifestando nuestra Fe.

Así se practica la Fe en nosotros mismos para empezar, luego cuando lo hacemos también con los demás, significa que estamos creyendo que los demás están en sintonía con nosotros.

Y recordemos que la Fe debe colocarse en cosas positivas de otra manera estamos alimentando la Fe en la mente, no en nuestro ser y eso también nos llevará a tener resultados negativos, la mente es limitación, no usemos la palabra Fe para definir la limitación de nuestra mente, estaríamos siendo manipulados por el Ego, que precisamente así conserva su existencia, usando palabras que nos confunden, una vez que tengas Fe y la apliques a tu vida, verás que los milagros empiezan a ocurrir.

Si tienes Fe puedes lograr cualquier cosa en la que creas absolutamente, cualquier cosa!!

"Es pues la fe la certeza de lo que se espera, la convicción de lo que no se ve"

Hebreos 11:1 La Biblia

"Conforme a vuestra fe os será hecho todo".

Mateo 9: 29. La Biblia

"Si ustedes creen, recibirán todo lo que pidan en oración".

Mateo 21:22 La Biblia

De lo que percibimos y moldeamos con nuestros pensamientos, palabras y acciones hay una energía magnética que lo atrae hacia eso.

Nosotros mismos somos su equivalente. Por lo tanto por medio de nuestra Fe moldeamos nuestras vidas.

Nuestras experiencias en la vida son en verdad la fuente de nuestra Fe. Ponemos nuestra Fe en lo que nuestra experiencia nos indica.

Nuestra experiencia tiene que ver por supuesto con nuestro punto de vista y nuestra actitud con lo que en verdad ocurre.

Así descubrimos que lo que vemos es generalmente lo que obtenemos. Mucho de lo que percibimos en el pasado define lo que percibimos ahora como nuestra Fe.

Previamente se ha determinado nuestra Fe actual, que se ha convertido en una profecía que se cumple por sí misma.

"Mantén la fe puesta en ti y en tus objetivos y todo se cumplirá".

"La fe te dará ojos especiales para ver cosas especiales"

Victor Roude
Escritor Latinoamericano

Después de tener una idea más desarrollada podemos entrar de lleno, en el tema de este capítulo, y de qué manera la Fe te acerca a Dios, la práctica más allá de nuestra propia confianza sabremos que Dios está siempre a nuestro lado mientras la practicamos y la incorporamos como una forma de sentir y vivir, cada actitud, sentimiento, proyecto o creencia que está acompañado de FE es sinónimo del éxito en los proyectos de vida.

Si crees en Dios o un ser superior que no se manifiesta físicamente, porque no practicas tu creencia en ti mismo, cada día cuando te veas al espejo reconócete como un creador, que al igual que Dios, también se te ha otorgado la misma magia.

Dios te bendijo con la Fe primero para creer en él y segundo para creer en ti, cada vez que practicas la Fe en tu vida Dios está contigo.

Dios te quiere fuerte y seguro en tu vida, vívela con Fe.

Capitulo III
Generosidad   (La Bondad)

Cuando hacemos mención a la generosidad usualmente lo atribuimos a una ayuda económica, y ésta es sólo una de las maneras de manifestarla, pero ni es la única ni es la más importante ésta es parte de los conceptos erróneos de nuestra educación.

Ser generosos en su definición dice:

Cualidad de la persona que ayuda y da lo que tiene a los demás sin esperar nada a cambio.

Esta definición es la que más comparto y también podríamos ampliarla ya que en el camino de actuar como personas generosas, todos de una u otra manera lo somos, pero de diferentes maneras.

La generosidad no sólo está asociada al dinero o a lo material.

Un individuo puede ser generoso con su tiempo y dedicarse a labores solidarios, sin pedir nada a cambio.

Cuidar a un enfermo, limpiar una playa, acompañar a un anciano o dar refugio a un perro callejero son acciones que también forman parte de la generosidad.

Son muchas las personas que donan un diez por ciento de sus ingresos a la iglesia.
Puede decirse que la generosidad busca el bien común de la sociedad.

La persona generosa no pretende una recompensa por su accionar, sino que hace lo que cree correcto y justo.

La lógica de su pensamiento señala que, si todos los seres humanos fueran generosos y donaran parte de sus recursos materiales o no tangibles, el mundo sería un lugar mejor.

No hay efecto sin causa, al igual que no hay estímulo sin respuesta. Este principio se estudia junto con el principio de mentalismo, ya que el EFECTO de ser feliz, tiene su CAUSA en pensar y sentir positivamente, esta ley también dice que todo lo que hagamos a los demás, ya sea bueno o malo, nos será devuelto, de ahí que también se llame el efecto boomerang.

Podrás creer o no en esta ley, pero se cumple inexorablemente.

Así es, recibimos exactamente lo mismo o más de lo que damos, por ende, el ser generosos, nos permite acceder en vuestras vidas ya sea de manera económica o humana a la abundancia en todo orden.

Pero cuidado esto también se cumple en sentido inverso, si eres egoísta, tacaño o egocéntrico, recibirás lo mismo de parte de los demás.

"Solamente una vida dedicada a los demás merece ser vivida"

Albert Einstein (1879-1955)

Creo que cada uno de nosotros tenemos nuestro propio concepto de generosidad y no importa que tan bondadosos pensemos que somos, solo importa que lo practiquemos, pero tengamos en cuenta que lo más importante es con el sentido que se practica y el serlo de manera desinteresada es lo que le da sentido al acto de generosidad.

El dar sin ningún otro interés que el de ayudar o favorecer a otro es lo que convierte esta cualidad en verdadera y lo sabrás cuando seas consciente, que recibirás a cambio una de las más valiosas recompensas que Dios reserva a los puros de corazón, es la satisfacción y alegría plena.

Este sentimiento que acompaña la virtud de ser generosos es el síntoma de nuestra actitud de vida.

Sé generoso con lo que sientas que te hace más feliz y con las oportunidades que Dios coloca a lo largo de la vida para que tengas la bendición de practicarla con... tu familia, tus hijos, tus amigos, personas que no conozcas; y hazlo con dinero, palabras o con tu tiempo que es lo más valioso que tenemos; ya que el tiempo que entregamos nunca lo podremos recuperar, y sabrás que Dios está ahí a través de la alegría y satisfacción que sentirás, nada absolutamente nada es comparable, experiméntalo y sabrás que no es exagerada esta afirmación.

"Sé justo antes de ser generoso, sé humano antes de ser justo".

Cecilia Bohl de Faber (1796-1879)

Escritora española.

"La verdadera generosidad para con el futuro consiste en entregarlo todo al presente".
Albert Camus (1913-1960)
Escritor francés.

"Nadie puede hacer el bien en un espacio de su vida, mientras hace daño en otro. La vida es un todo indivisible".
Mahatma Gandhi (1869-1948)
Político y pensador indio.

Capitulo IV

Aceptación. (el no juzgar)

Pasamos gran parte sino toda nuestra vida, juzgando y cuestionando las cosas y/o personas en todo hecho que nos toca vivir, esto es también es parte de la educación que hemos recibido, una vez más mencionaré que tenemos que des-educarnos para educarnos nuevamente en muchas de nuestras convicciones y actitudes de vida.

El juzgar forma parte de nuestras vidas casi como un hábito de comportamiento, y realmente es la mejor manera de mostrarnos que actitudes de vida debemos cambiar ya que cada vez que estamos juzgando a los demás, simplemente estamos hablando de las cosas que debemos corregir en nosotros mismos.

El asumir el papel de jueces sobre los demás, solo demuestra que tenemos que aprender mucho, entendiendo que nunca sabremos completamente todas las circunstancias o vida de los demás, ya sea en actitudes, estilos de vida y por qué hace o dice tal o cual cosa.

De esta manera tenemos que reconocer que nos falta mucha información que al no tenerla estamos proyectando nuestros propios prejuicios.

"Es mucho más difícil juzgarse uno mismo que juzgar a los demás. Si logras juzgarte correctamente serás un verdadero sabio".

Antoine de Saint-Exupery (1900-1944)
Escritor francés.

Antes de juzgar a los demás, júzgate a ti mismo.

Antes de tachar una acción de alguien como injusta, plantéate: ¿tú siempre eres justo?

Es más, ¿Qué es ser justo o injusto? Calla y piensa.

Antes de decirle a alguien que está demasiado delgado o demasiado gordo, ¿te has mirado al espejo? Porque seguramente a ti también te sobran unos kilos.

Antes de calificar a alguien de raro o peculiar, ¿seguro que tú eres "normal"? Recuerda que cada uno de nosotros es único, y por lo tanto peculiar. Tú también tienes tus rarezas.

Antes de considerar a alguien como extremista, si ves al otro en un extremo, ¿no será que tú estás en el opuesto?

¡Ah no! Que tu vida es la más equilibrada. O tal vez tú también vivas en el extremo. Pues yo diría que ni una cosa ni la otra, porque puede que simplemente no haya extremos.

Quizá sólo existan diferencias, mayores o menores, nada más.

Antes de pensar que hacer deporte una hora y media cada día es una obsesión por el cuidado del cuerpo, ¿no podría ser también obsesivo estar sentadas cuatro horas diarias delante del televisor?

Antes de tildar a un vegetariano de maniático con las comidas, ¿no tienes tú la "manía" de comerte dos donuts cada mañana?

Antes de reprochar a otro un error, si es que realmente lo fue, ¿qué pasa? ¿Tú nunca te equivocas?

En definitiva, antes de criticar a alguien gratuitamente por el mero hecho de juzgarlo y consecuentemente sentenciarlo, pregúntate en primera persona: ¿soy perfecto?

"No juzguéis a los demás si no queréis ser juzgados. Porque con el mismo juicio que juzgaréis habéis de ser juzgados, y con la misma medida que midierés, seréis medidos vosotros".

Jesucristo (4 AC-30)

El hábito de juzgar a los demás, pone de manifiesto muchas lecciones no aprendidas, una de ellas es: que lo más importante es saber cómo estamos actuando con nosotros mismos, que cómo actuamos con los demás.

En cada oportunidad que deseamos juzgar, pensemos porque estamos más preocupados, por los demás o por nosotros mismos, y no te parece que si estás observando la vida de los demás, estás perdiendo de vista la tuya, de esta manera es muy posible que creas saber más de los demás que de ti, y esto al confirmarse por sí mismo, solo nos demuestra que no estamos queriendo ser el mejor amigo de nosotros mismos, sino el más indiferente y desinteresado de cómo estamos viviendo y actuando.

Espiritualmente y queriendo ser conscientes de nosotros y nuestro entorno esta actitud nos coloca a años luz de la conciencia.

Asumir esta actitud como muy nociva para nuestro espíritu ayudará a estar pendientes de corregirla.

Cuando tomes el hábito de no juzgar, ya no tendrás que ocuparte de los demás y podrás ocuparte de ti, ya no condicionarás tus actitudes de vida de otros, ya que tendrás más tiempo para ocuparte de tu vida y dejarás de mirar y opinar sobre la vida de las demás personas.

"Cuando señalas a alguien, tres dedos apuntan a ti".

Amigo dime algo: ¿vas a seguir juzgando?

Tendemos a juzgar, por el exterior, sin saber lo que esconde el interior.

<u>Aceptar</u>

La Aceptación es el principio de no acción, de no resistencia, de no juicio, y nos dice que lo que resistes, persiste, y nos ayuda a traer libertad a nuestra vida, para ser lo que queremos ser, para estar con quien queremos estar, o para vivir como queremos vivir.

La forma de ejercer esta actitud de manera práctica es, primero permitir a los demás ser como son, y segundo, permitir a la vida, al universo, que nos envíe todo lo que deseamos recibir.

Un bloqueo muy normal a nivel inconsciente de esta ley, que provoca que seamos y tengamos menos de lo que podríamos tener o ser es la idea, implantada en muchas personas, de que "yo no merezco esto".

Dejar a los demás ser como son.

Soy como soy

Mientras que me permita ser como soy, permito totalmente a los demás ser como ellos son.

No hay dos personas en el planeta idénticas, debemos aceptar que cada uno tiene un mundo, una realidad, una forma de ver las cosas, de comportarse, de amar, de vivir, etc.

Aceptemos las personas y las situaciones como son, gastando energía en cambiar a alguien que no puede ser cambiado por nosotros o moldeado a nuestro antojo (por ejemplo, nuestros hijos o pareja) y, segundo, con nuestro comportamiento estamos haciendo que los demás no nos dejen ser como somos, vivir como queremos o comportarnos como deseamos.

Esta descripción se hace, considerando que el ejercicio de nuestros derechos, no someta a otros.

Solo si puedes aceptar, no simplemente tolerar, como son el resto de personas que te rodean, habrás entendido la aceptación como la manera más simple de vivir en armonía contigo y tu entorno.

No hacerlo es lo que causa la gran mayoría del sufrimiento en nuestras relaciones con los demás, pues siempre tenemos esa imagen "ideal" de aquéllos que queremos, e intentamos que los demás se parezcan lo más posible a ellos.

Además, si crees de verdad que aquéllos que no piensan o actúan de una forma determinada, "tu forma", están "equivocados", entonces estas juzgando a la gente.

Cuando empiezas a comprender y luego practicar la aceptación, dejarás de sufrir, cuando las personas no actúan como tu deseas o bien las cosas no salen como tú las quieres.

El aceptar te coloca en un plano de paz y tranquilidad y como consecuencia le permites que Dios se manifieste a través de que no juzgues y aceptes.

Cuando necesitamos observar lo externo entonces no nos permitimos tener la experiencia interna.

En cada oportunidad que tengas de aceptar, habrás desarrollado una virtud y estarás invocando a Dios a través de tu entrega a la aceptación, puede que suene algo duro al principio, pero al tiempo verías que te quitas una carga muy pesada, sí … me refiero a lo que significa hablar de cómo son o que hacen los demás, y tendrás tiempo para observarte a ti mismo.

En este paso estarás desarrollando una virtud, y en cada momento que la practiques, Dios estará a tu lado dándote la consciencia que te permita sentir su presencia a través de una acción que sólo habla de manifestar el espíritu.

Sé consciente de esta actitud de vida en cada momento y cuando más lo practiques más la entenderás y disfrutarás.

Capítulo V

El propósito de vida. (Dharma)(Intención)

Parte de la vida y objetivos de la misma, nos obliga descubrir nuestro propósito de vida, sí bien ésta no es la más importante misión...

El descubrirlo nos ayuda hacer el camino con plenitud permitiéndonos avanzar a grandes pasos en la escalera de la superación espiritual, ya qué es la manera de saber el rumbo y objetivo de nuestra existencia.

"Cada persona en este mundo tiene una misión", que se materializa con tus habilidades y deseos, la popular frase "eres único|no es un slogan publicitario, es absolutamente verdadero, por mucho que cueste creerlo, nadie absolutamente nadie, de los los siete mil millones de habitantes de este planeta tiene tus cualidades, solo tú.

Recuerda que siempre puedes llevar a cabo todo lo que desees solo necesitas saber que quieres y luego creer que lo puedes concretar, lo que es muy diferente, es el querer llevar a cabo, cualquier trabajo o profesión por el sólo hecho del dinero que te pagan por hacerlo.

No sacrifiques tu meta por lograr una pequeña satisfacción anticipada.

Un error muy común, producto del actual sistema económico, induce a las personas a buscar trabajos o actividades, que priorizan las ganancias económicas a realizar trabajos que nos hagan felices, etiquetando de bohemios o de poca cabeza a las personas que desean hacer algo, que a primera vista no está lo suficientemente remunerado o sea que te permita sobrevivir, aceptamos cualquier tipo de trabajo que nos asegure la supervivencia económica.

Todos tenemos un propósito de vida, descubrirlo es parte de nuestro trabajo, no pensemos que llegamos a esta vida en piloto automático y las cosas que forman parte de nosotros, aparecen milagrosamente o acaso ¿son los demás quienes deciden tu camino, las circunstancias, el clima, el país, etc.?

Algunas personas descubren de manera natural su propósito de vida, puedes ser un talentoso músico, artista, empresario, actor, orador o religioso, sea cual fuere tu inclinación la practicarás con una destreza digna de un profesional innato.

Sea cuál fuere el tema, las personas que desde edad muy temprana, han tenido la bendición al hacer de manera consciente o no su propósito de vida, usualmente no trabajan, solo se divierten haciendo algo que los hace felices y por reciproca consecuencia haciéndolo de manera inspirada y dedicada a esa actividad, Dios y el universo, se ocupa que esta virtuosa tarea o profesión sea la forma en que te ganes la vida.

Si lo miras luego en retrospectiva lo que ha ocurrido es que, tú estás ganándole a la vida.

Recuerda que no te informarán de esta virtud en los periódicos, en la televisión, ni en la escuela, la misión de tu vida está dentro de ti, naces con ella y también debes descubrirla, te preguntarás ¿cómo la descubres? Te daré solo algunas pistas:

Primero: Es importante que vivas de manera consciente, ésta es la clave principal ¿sabes por qué?

Porque cuando vives de manera consciente sabes que sientes y lo reconoces como un algo especial, ya sea cuando recibes una señal o cuando realizas una tarea.

Segunda: cuando estás haciendo tu propósito de vida, no sentirás apetito, (alguien dirá... esto sí que es bueno para mi dieta).

Tercero: el tiempo pasará sin que lo percibas.

Cuarto: sabrás que decisiones tomar de manera espontánea sin que hayas recibido instrucción previa... ¿me sigues?

Es muy posible que algo de esto ya te haya pasado, pero no le has prestado atención.

Ahora ya sabes que es lo que ha ocurrido...
No dejes que nadie ni nada te acobarden, sigue a tu corazón, él nunca se equivoca ten Fe en él y así, estarás alegrando corazones con tu música, practicando un deporte o tu destreza, como empresario, o artista, etc.

La realidad indica que la mayoría de nosotros necesitamos buscar y encontrar nuestro propósito de vida, en este camino nuestro entorno nos hace perder el rumbo, haciendo que se desarrollen actividades fruto de las influencias que generalmente nos lleva a vivir una vida de insatisfacción, resultado de realizar actividades que se contraponen a nuestro deseo de practicar las habilidades naturales con las cuales hemos nacido.

Podemos nombrar algunos de los personajes que decidieron apostar a su deseo de hacer lo que sentían, todos en sus comienzos fracasaron de una u otra manera, (recuerda que el fracaso es un ingrediente indispensable para tener éxito) pero nada impidió que persistieran y continuaran tras su propósito, siguiendo adelante, en ese camino muchos cambiaron la historia, podríamos nombrar a algunos como : Albert Einstein, Walt Disney, Gandhi, Thomas Edison, Charles Chaplin, William Shakespeare, Henry Ford, George Washington, Steve Jobs, Leonardo Da Vinci, y podríamos continuar ya que no son pocos los personajes de la historia que dejaron salir su genio, y vivieron haciéndolo su forma de vida.

Estos personajes y muchos más, nos han dejado un legado de vida, así podamos apreciar la diferencia entre seguir tu genio o no hacerlo, de esta manera podemos definir la diferencia en que vivamos una vida ordinaria o extraordinaria.

En este momento es cuando se debería educar a padres o tutores que alienten a los niños desarrollar sus cualidades innatas.

Cuando ocurre esto nos damos cuenta que somos lo que hemos decidimos ser, y no sólo hacer lo que lo demás te inducen e influyen a hacer.

¿Necesitas que te diga cuán enorme es la diferencia?

Cuando tomamos consciencia de esto, empezamos a prestar más atención al diario vivir y de a poco vamos conociendo nuestros deseos de realización, el estar consiente de nuestros sentidos y emociones nos permite percibir cuáles son las ideas, tareas y proyectos que nos hacen despertar el genio interno, al estar pendiente de esta información vamos formando nuestros deseos.

Aprende a desarrollar y cultivar tu misión de vida, y luego llévala a la práctica, de esta manera estarás, no solo ejerciendo una de las más simples herramientas que Dios nos ha regalado para ser felices, sino, como consecuencia harás tu aporte a la sociedad.

Al llegar a este nivel, has dejado en el camino muchas razones que a la mayoría de las personas le producen frustración, mal humor, resentimiento y sobre todo un sentimiento de falta de interés por lo que hacen o las rodea.

Tal vez nunca te preguntaste, que es lo hace que te sientas de mal genio cuando cada mañana debes ir a trabajar, tal vez ésta sea la razón; la razón más importante, más allá de que no te alcance el salario para vivir o que no puedes tener el auto que deseas o la casa de tus sueños etc. ...

Piensa que te gustaría hacer o ser e imagínate haciéndolo, si sientes cosquillas en el estómago o una insipiente satisfacción, estas entendiendo cuál es el problema.

Dios ha hecho todo para que tengamos una vida plena y feliz, saber que queremos es parte del secreto de vivir en plenitud, y por consecuencia todo lo que necesitas para concretarlo irá apareciendo por obra de la magia que significa atraer a nuestras vidas, lo que nos hace felices.

¿Te suena difícil de aceptar?

No te detengas, avanza, decide que quieres, escríbelo, imagínatelo y no trates de explicarle a los que te rodean que te ha pasado, ¡sólo hazlo! en tu, silencio al principio y luego de a poco, los demás irán viendo lo serio de tus convicciones y ya no podrán hacerte retroceder, con las famosas frases que tienen a mano aquellos que siempre saben que necesitas o que tienes que hacer.

¡Eres loco! ¡Cómo se te ocurre! ¡Ni lo sueñes! mmm piénsalo no creo que podrás hacer esto o aquello, jamás podrás hacerlo, no tienes suficiente dinero, no has estudiado suficiente, etc.

¡Ya sabes!! Muchas personas de buena voluntad y no tanta, te dirán qué hacer y qué no, ya que parecería que ellos saben más de ti, que tú mismo y de lo que tienes que hacer con tu vida.

La opinión de los demás reflejan las limitaciones de ellos no las tuyas.

¿Recuerdas la fábula de la tortuga?

Érase una vez un alcalde que, con motivo de las fiestas de su pueblo, organizó una original carrera: ¡una carrera de tortugas! Los parroquianos, divertidos, asistieron a la carrera y exclamaban, entre risas:

¡No va a llegar ni una sola!

Empezó la carrera, las tortugas arrancaron animosas y, en efecto, a poco de empezar, algunas de ellas empezaron a desviarse, abandonando la carrera. Los espectadores, entre chanzas, seguían diciendo:

¡No va a llegar ni una sola! A mitad de la prueba, sólo un puñado de tortugas continuaba en la ruta. El resto acampaba a sus anchas fuera del circuito, o bien se había retirado del todo. La gente seguía burlándose: ¡No va a llegar ni una sola! A falta de unos pocos metros para terminar, sólo quedaban dos tortugas. Una de ellas, agotada, se escondió en su caparazón, negándose a continuar.

El público, alborozado, exclamaba:

¡Tampoco la que queda va a llegar, seguro!

Pero la que quedaba, pasito a pasito, llegó, agotada a la meta, ganando el trofeo ante el asombro del público.

Preguntado el dueño de la tortuga sobre el secreto del éxito, éste respondió:

Es que mi tortuga es sorda, y no ha oído lo que gritaba el público."

Cuando hayas logrado tu meta recién ahí retírate no antes, cuando eso ocurra comprobarás que el proceso para lograr tu objetivo ya forma parte de tu vida y esa será la mejor parte.

Si no te comprometes con el proceso no ganarás.

Deja que tu genio salga a la superficie, persiste para desarrollarlo y los milagros aparecerán en tu vida para que sea realidad.

Dios te lleno de virtudes, de ti depende que las practiques de nadie más, ponte una meta, disfruta el recorrido, sé persistente y Dios estará a tu lado en todo el camino.

"Elige un trabajo que te guste y no tendrás que trabajar ni un día de tu vida".

Confucio

Capítulo VI

Positivismo. (todo lo que nos ocurre es positivo)

Tenemos el hábito de catalogar cada momento o circunstancia de la vida como que son cosas buenas o malas, también solemos decir que hemos tenido suerte o no, de esta manera y de forma automática nos preparamos para actuar o reaccionar de acuerdo a como lo hemos definido.

Si pensamos que algo que nos ocurrió es bueno, nos alegramos y reaccionamos consecuentemente, nos sentimos positivos y con mucha energía.

Si por el contrario lo que nos ocurrió es malo, el desánimo nos invade provocándonos una actitud de tristeza y desaliento, sentimos que las fuerzas nos abandonan y el futuro es terriblemente oscuro.

A su vez si le damos participación a la suerte y consideramos que la misma nos tocó, sentimos que hemos ganado la lotería, pero al mismo tiempo estamos sintiendo que no va a volver a ocurrir, la sensación de alegría se mezcla con la de desazón por sentir que esa buena suerte, duró solo un momento.

Y si nos tocó la mala suerte y las cosas salieron al revés de lo previsto, es inevitable que pensemos que nuestra vida está llena de esos momentos y también nos cuestionamos a nosotros mismos, del porqué de nuestra mala fortuna.

Como podemos ver todos y cada uno de estos acontecimientos según nuestra educación pueden ser buenos o malos, y nos condicionan de manera negativa o positiva a menos que nuestra actitud y creencia sea una sola ya que la verdad es que todo es relativo, sólo depende de cómo lo veamos, si eso está comprobado, no te parece que esa evaluación sea siempre positiva y sea la que prevalezca en todos los casos de lo que ocurrió, aceptando como consecuencia que fue lo mejor que podía habernos ocurrido.

En cada oportunidad que quieres calificar tus momentos y determinas que son los mejores te conviertes en un imán que siempre atraes los mejores momentos, esta actitud más allá de ser muy positiva, es muy real ya en el plano espiritual todo lo que nos ocurre siempre va a ser lo mejor aunque a veces haya lecciones de vida que nos hagan pasar momentos duros, pero al saber que nos traerá un beneficio igual o mayor a esa circunstancia, nuestra energía se alinea con Dios para que tomemos nota del mensaje.

Al hacer esto no sólo aprendemos la lección, sino que también ya estamos preparados para recibir los beneficios, producto de haber entendido lo que ocurrió.

Seguramente a este momento te envuelve un dejo de escepticismo por estas palabras, pero ahora te diré como lo vas a contrarrestar.

Te pediré que hagas memoria y sobre todo recuerdes alguna circunstancia mala que te haya ocurrido y trata de rescatar lo que sentiste en ese momento.

Verás que lo mal que te sentiste en el pasado se disolvió en el tiempo, producto de que esa mala situación terminó generando una buena circunstancia al futuro.

Algunos países de Centroamérica tienen un refrán que dice "Dios sabe cómo hace sus cosas".

Te podrá parecer muy trivial, pero encierra un poderoso mantra (un mantra se refiere a las sílabas, para invocar a un dios o como apoyo para meditar), que indica que Dios estuvo y actuó en esos momentos con lo cual, y asumiendo que el solo desea nuestro bien, tenemos que entender que en ese momento supuestamente malo el también actuó para enseñarnos y ayudarnos.

Soltar el control

Una de las mayores causas de sufrimiento en la vida es nuestro afán por controlar en todas sus facetas: lo que los demás piensan de nosotros, nuestra economía, nuestra salud, tener los riesgos controlados, etc.

Y aunque nos engañamos pensando que es necesario, en realidad es algo que no sirve para nada, solo para resistirnos, para sufrir.

Es necesario abandonarse sí, abandonarse a la vida y aceptar todo lo que traiga, y hacerlo significa confiar en Dios, en la perfección de todo lo que es.

Todas las experiencias en sí mismas son irrelevantes, lo importante es el crecimiento que obtenemos de ellas, lo demás es tan solo una ilusión, un juego, una representación en el gran teatro de la vida.

Nuestra alma no busca el que nos sintamos seguros o tener todo bajo control. Si, le interesa funcionar con alegría, al poner a prueba nuestra capacidad de amar en todas las variantes posibles.

¿Y esto que implica?, que a veces sea necesario el pasar por ciertas situaciones para recibir ciertas enseñanzas, no todo aprendizaje es cómodo o conveniente desde el punto de vista de nuestro cuerpo físico o emocional.

Algunas experiencias aparentemente muy duras, son las que nos traen las mayores enseñanzas.

A través de estas enseñanzas nos hacemos cada vez más conscientes de quiénes somos y de dónde están nuestros limitantes para amar.

Personalmente suelo utilizar un anclaje para soltar el control cada vez que me doy cuenta que estoy sumido en este comportamiento. Me recuerdo una y otra vez que "he de SOLTAR", dejar ser, fluir con la vida, evitar proyectar en todo lo que veo, percibir sin juzgar ni interpretar ni etiquetar.

Tampoco sirve esforzarse por hacer esto, ya que no sería sino otra forma de intentar controlar. Es más bien una oración, un recordatorio, que mediante el anclaje pretende hacerse como un acto reflejo que poco a poco llegue a convertirse en un hábito. Y de esta manera ir contrarrestando el hábito tan arraigado de controlarlo todo.

El vivir en el pasado o en el futuro es también otra forma de este hábito de controlar.

Nuestra mente se esfuerza por revivir el pasado, por intentar volver para cambiar algo que no salió como nos hubiese gustado o por deleitarse con algo que nos hizo sentir bien.

Y cuando proyectamos al futuro, lo hacemos muchas veces llevados por nuestros miedos a lo desconocido, a la bancarrota, a las crisis, a la soledad, a la vejez, a la muerte; o bien producimos deseos y pensamientos imaginarios y así lo convertimos en nuestro futuro.

Todas esas cosas que nunca podremos controlar, las hacemos nuestra realidad, aunque las perseguimos vanamente.

Y mientras estamos en esas, la vida pasa sin ser realmente vivida, pues es sólo en el AHORA donde se encuentra.

"La vida es aquello que te va sucediendo mientras te empeñas en hacer otros planes"

John Lennon (1940-1980)

Tenemos dentro de nuestro universo la opción de decidir que nos hace sentir bien y que mal, sabemos por experiencia propia que todo es relativo, que solo dependerá de cómo lo vemos, si tenemos la opción de elegir, no te parece inteligente que elijamos por lo que nos hace mejor, que todo sea bueno y positivo, cambiara nuestra vida dándole un giro de 180 grados.

"La vida consiste no en tener buenas cartas, sino en jugar bien las que uno tiene".
Josh Billings (1842-1914)
Humorista estadounidense.

Estamos preparados para todo física y emocionalmente, depende sólo de nosotros de entender que estas leyes de vida las usemos a nuestro favor, en cada oportunidad que decides y practicas el ser positivo y estas dándole a Dios la oportunidad de estar contigo, ya que aceptas que todo está alineado para tu felicidad, solo debemos ser buenos alumnos y no ofrecer resistencia al aprendizaje, ya que al hacerlo y querer controlar las situaciones sólo nos produce dolor y sufrimiento.

"Vive como si fueras a morir mañana. Aprende como si fueras a vivir siempre".

Mahatma Gandhi (1869-1948)
Político y pensador indio.

Al ser positivo y convertirlo en una forma de vida, no solo eliminarás gran parte de las circunstancias y hechos que te hacen ser infeliz, sino que tendrás la certeza que *Dios acompaña tu vida en todo momento*, esa presencia se manifestará, ofreciéndote oportunidades y lecciones de vida para mejorarla o bien recompensándote por tu constante empeño en ver todo positivo haciendo que tus pensamientos se manifiesten.

Capítulo VII

Oración. (Comunicarse, meditar)

Nos han educado que cuando pensamos en Orar, la imagen que viene a nuestra mente, es una persona de rodillas con las manos entrelazadas, cabeza inclinada hacia abajo y en posición de recogimiento, este procedimiento continúa usándose, pero en realidad debemos admitir que de esta forma lo que estamos haciendo es un monólogo, en donde Dios es un simple oyente.

Lo que realmente queremos y deseamos más que un monólogo es tener un dialogo con Dios, dialogo que nos permita tener respuestas, aunque no sean de manera inmediata y a su vez hacer preguntas, ¿eso está mejor verdad?, y de esta manera nos estamos comunicando.

Antes que nada y para poder entender de manera completa este capítulo, vamos a necesitar hablar del significado de la palabra comunicarse.

La definición clásica dice: conversar, tratar con alguien de palabra o por escrito, también tradicionalmente, se ha definido como "el intercambio de sentimientos, opiniones, o cualquier otro tipo de información mediante habla, escritura u otro tipo de señales".

Suena algo primitivo ¿no? considerando la actual tecnología, y más aún siendo conscientes del grado de evolución perceptiva que como seres humanos estamos alcanzando a medida que somos conscientes y practicamos estas cualidades.

Como ya estamos recorriendo el siglo XXI, creo necesario hacer una actualización de esta definición y de esta manera poder practicar la comunicación con Dios, sin tener la sensación que somos seres de otro planeta con capacidades de otra galaxia.

Necesitamos asumir que el comunicarse es básicamente el intercambio entre dos seres que utilizan y/o conocen los mismos medios de intercambiar información.

Cuando hablamos con una planta y la rodeamos de una energía amorosa le estamos comunicando que la queremos, y ella nos responde cuando siente que la cuidamos revive luciendo saludable y rozagante.

¿Que necesitamos para comunicarnos?

Una de las condiciones, es silenciar nuestra mente, me refiero a los pensamientos y permitirnos tener, la idea de solo comunicarnos, por ello la sugerencia de adecuación que continua, es entrar en un silencio interno que nos ayuda a recibir los mensajes que Dios nos haga llegar.

Estrés y Meditación.

Hemos adquirido el hábito de hacer ejercicio y así sentirnos bien físicamente, es más, ya hoy nadie discute los beneficios, que esto conlleva para tener una vida sana, un régimen de actividad física no solo nos permitirá mantener el cuerpo activo, sino que de esta manera podamos desarrollar nuestras actividades sin molestias o dolores, y ni hablar de los beneficios secundarios a nivel orgánico que el ejercicio favorece.

Lo mismo ocurre en el aspecto de la alimentación, creo que entre los temas más difundidos, aparte de los que se refieren a la tecnología, lo que le sigue en popularidad, son los consejos que hablan sobre la alimentación, de cómo lograr tener el peso exacto o como practicar una dieta balanceada, de esta manera aprendemos e incorporamos el practicar una buena alimentación, también estamos aprendiendo que los regímenes o dietas, son solo paliativos esporádicos y de muy corto resultados, no solucionan el problema, sino que los hábitos dan la posibilidad de perpetuar en el tiempo una mejor calidad de vida si practicamos una buena alimentación.

Ya vez, hablamos más de lo físico que de otra cosa y es natural ya que vivimos en una sociedad que lo físico en general se privilegia a lo mental o espiritual.

Cuando queremos hablar de la salud de la mente, ahí entra en juego la meditación , que tendría que estar incorporada en nuestras vida ya como un hábito que nos permita serenarla de la misma manera que el ejercicio se contrapone al sedentarismo o las dietas a los desórdenes alimenticios, esto me trae a la mente cuando hace un tiempo atrás, tal vez 30 años, si alguien hablaba de estrés parecía una palabra sacada de un cuento de ciencia ficción y los médicos no hablaban de eso ya que los desórdenes físicos o emocionales no tenían explicación científica .

Es un hecho que el estrés, hoy en día es una de las palabras más populares entre las personas que ejercen el arte de curar, sobre todo cuando hay síntomas que no pueden hallar respuesta a nivel físico, nos dicen: "es posible que sea un nuevo virus o tiene estrés" no trabaje tanto, tómese vacaciones (¿te suena familiar?)   Ya vez, hablamos más de lo físico que de otra cosa y es natural ya que vivimos en una sociedad que lo físico en general se privilegia a lo mental o espiritual.

Así poco a poco se fue aprendiendo y entendiendo que la tensión emocional a la que nos vemos expuesto día a día, no solo produce alteraciones físicas como:

- ✓ Opresión en el pecho.
- ✓ Hormigueo o mariposas en el estómago.
- ✓ Sudor en las palmas de las manos.
- ✓ Palpitaciones.
- ✓ Dificultad para tragar o para respirar.
- ✓ Sequedad en la boca.
- ✓ Temblor corporal.
- ✓ Manos y pies fríos.
- ✓ Tensión muscular.
- ✓ Falta o aumento de apetito,
- ✓ Diarrea o estreñimiento.
- ✓ Fatiga.
- ✓ Insomnio
- ✓ Mala digestión
- ✓ Irritabilidad
- ✓ Problemas de piel

¿Tienes alguno de estos síntomas? Mmm ¿puede ser qué estés padeciendo de estrés?

A razón de esta "nueva enfermedad", nos hemos visto obligados a encontrar curas o paliativos ya que en sus comienzos no se sabía muy bien hacia dónde apuntar con terapias que ayudarán a combatirla, se podría decir que hasta el día de hoy se continua en la famosa y legendaria práctica de prueba y error, en cada caso en particular hay respuestas diferentes y se ha creado un universo de prácticas, terapias y enunciados que ayudan en parte a mitigar las consecuencias tan terribles que el estrés produce en nuestros cuerpos y actitudes de vida.

Pero la única verdad es que lo que elimina todo vestigio de estrés es el balance de nuestras vidas sin hacer nada, para lograr no sé qué clase de resultados pero sí es seguro, que no haces nada productivo … bueno … tal vez esta sea una descripción algo magnificada, pero, también es verdad que son muchas las personas que no solo no saben muy bien de que se trata sino que como consecuencia lo ironizan.

Antes de entrar en el aspecto espiritual quiero hablar sobre los estudios científicos y probados resultados que la meditación ha dado como consecuencia de mejorar nuestro equilibrio mental y emocional, ya que más allá de las definiciones populares y urbanas la ciencia se ha tenido que ocupar de estudiar esta práctica, considerando que cada vez son más los testimonios de personas que lo practican y como dice un refrán popular tanto va el cántaro a la fuente…

Un equipo de psiquiatras liderado por el Hospital General de Massachusetts, ha realizado el primer estudio que documenta cómo ejercitar la meditación y así se puede afectar al cerebro. Según sus conclusiones, publicadas en Psychiatry Research, la práctica de un programa de meditación puede provocar considerables cambios en las regiones cerebrales relacionadas con la memoria, la autoconciencia, la empatía y el estrés.

Es decir, que algo considerado espiritual, nos transforma físicamente y puede mejorar nuestro bienestar y nuestra salud.

Aunque la práctica de la meditación está asociada a una sensación de tranquilidad y relajación física, los médicos están afirmando últimamente que la meditación también proporciona beneficios cognitivos y psicológicos que persisten durante todo el día, explica la psiquiatra Sara Lazar, autora principal del estudio.

"La nueva investigación demuestra que los cambios en la estructura del cerebro pueden estar detrás de esos beneficios demostrados, y que la gente no se siente mejor sólo porque se han relajado".

Lazar ya había realizado estudios previos en los que había encontrado diferencias estructurales entre los cerebros de los profesionales de la meditación, con experiencia en este tipo de prácticas, y los individuos sin antecedentes, como, por ejemplo, un mayor grosor de la corteza cerebral en áreas asociadas con la atención y la integración emocional. Pero entonces la investigadora no pudo confirmar si este proceso había sido fruto de, simplemente, haber pasado unos ratos de reflexión.

Para estos estudios, los científicos tomaron imágenes por resonancia magnética de la estructura cerebral de 16 voluntarios dos semanas antes y después de realizar un curso de meditación en el programa para reducir el estrés coordinado por la Universidad de Massachusetts. Además de las reuniones semanales, que incluían la práctica de la meditación consciente, que se centra en la conciencia sin prejuicios de sensaciones y sentimientos, los voluntarios recibieron unas grabaciones de audio para seguir con sus meditaciones en casa.

Los participantes en el grupo de meditación pasaron 27 minutos cada día practicando estos ejercicios. Sus respuestas a un cuestionario médico señalaban mejoras significativas en comparación con las respuestas antes del curso.

El análisis de las imágenes por resonancia magnética encontró un incremento de la densidad de materia gris en el hipocampo, una zona del cerebro importante para el aprendizaje y la memoria, y en estructuras asociadas a la autoconciencia, la compasión y la introspección.

Además, se descubrió una disminución de la materia gris en la amígdala cerebral, un conjunto de núcleos de neuronas localizadas en la profundidad de los lóbulos temporales, lo que está relacionado con una disminución del estrés. Ninguno de estos cambios fue observado en el grupo de control formado por otros voluntarios, lo que demuestra que no fueron resultado sólo del paso del tiempo.

"Es fascinante ver la plasticidad del cerebro y cómo, mediante la práctica de la meditación, podemos jugar un papel activo en el cambio del cerebro y puede aumentar nuestro bienestar y calidad de vida, dice Britta Hölzel, autora principal del estudio."

El hallazgo abre las puertas a nuevas terapias para pacientes que sufren problemas graves de estrés, como los que soportan un agudo estrés post-traumático tras una mala experiencia.

Como podemos observar la meditación científicamente hablando ya no se cuestiona.

La meditación llevada al plano espiritual tiene una connotación diferente.

Medita para comunicarte con Dios.

La meditación se puede practicar para diferentes objetivos y al igual que el yoga u otros ejercicios, nosotros le damos el uso que deseamos de acuerdo a nuestras necesidades.

Al estar en estado de meditación, apagamos el ego y silenciamos la mente, así nos permite entrar de forma consciente en un plano de profunda conexión con nuestro espíritu y a través de él, hacemos una conexión directa con Dios, de esta manera podemos comunicarnos con la fuente de todo, si bien suele decirse que la practica hace al maestro aquí ocurre algo similar ya que practicando la meditación, podremos ir decidiendo que clase de comunicación queremos tener, ya sea a través de los deseos del corazón, tendremos las respuestas a nuestras preguntas, sabremos cómo actuar y recibiremos la serenidad que da el sentir la meta cumplida, la fe se renovará ya que se pondrá de manifiesto todo deseo y sentimiento que deseemos practicar o realizar. Lo que realmente quiero destacar es que la meditación es una manera profunda de oración.

Al practicar el silencio interno, estableces un canal para que te comuniques con Dios, tu espíritu y el Universo estar en un nivel superior de contacto que te permitirá lograr respuestas a tus preguntas e inquietudes, que admitirás no fueron creadas por tu mente, ya que a medida que adquieras el hábito de silenciar la mente, sabrás que las respuestas llegan de un plano superior.

Pero recuerda que esto no es automático, la mejor parte es que también recibirás las pautas que debes seguir, y aquí es donde se pone más interesante el estar en comunicación con Dios ya que tendrás que ser un alumno aplicado y en la medida que hagas los deberes, sabrás que la Fe en él se manifestará al ver que obtienes los resultados.

Has de la meditación una práctica diaria, utiliza la técnica con la que te sientas más cómodo/a (hay diferentes opciones para meditar) y con el tiempo (no mucho), podrás comprobar que tu vida empieza a dar un giro.

Cuando hagas un hábito de esta comunicación, la podrás practicar en todo momento y en cualquier lugar, no necesitarás estar en posición de meditar (aunque la tradicional posición "padmasana" potencia la misma), sabrás que Dios está cada vez que tú lo invoques.

Prefacio

Hasta aquí he desarrollado siete pasos o virtudes, que, al aplicarlas, o de continuar haciendo en caso que ya las tengas te permitirá el acercamiento a Dios para que te acompañe todo el tiempo.

Así veras como creces de manera exponencial en tu vida espiritual y con ello la vida será solo de satisfacción y éxitos en todos los órdenes.

No dejo de contemplar que hay muchas más facetas que hacen a tu vida, pero estas siete creo son las raíces del árbol de la vida.

Planta la semilla de la Fe en tu corazón al momento que desees entablar la relación con Dios y luego alimenta la planta que has sembrado dándole los nutrientes que la hagan crecer, remplaza el sol y el agua, con virtudes de vida tales como: Amor, Fe, Positivismo, Generosidad, Aceptación, Propósito de vida y Oración, así crecerá un árbol frondoso, fuerte y podrás dar protección y abrigo a aquellos que están desprotegidos, también sabrás que Dios existe en ti, permitiéndote ayudar y ayudarte a ser lo que deseas.

Tienes todo para ser lo que quieres solo necesitas una guía, Dios está para darte ayuda solo necesita que tú la aceptes y estés de acuerdo en recibirla, de esta manera tu vida tendrá sentido…

¿Qué sentido?

¡El que tú desees!

Si encontraste ayuda e inspiración en este libro te recomiendo lo leas varias veces, ya que en cada oportunidad que lo repases, encontrarás que profundizas el mensaje y permitirás que las ideas sean mejor interpretadas.

También te recomiendo que, en momentos de desazón, miedo, confusión o sientas que el traje de la vida te queda grande o pequeño, regresa aquí… y Dios estará contigo, alentándote en cada palabra que leas.

Gracias por leer este libro…

Agradecimientos

En esta parte es cuando se agradece a quienes ayudaron o colaboraron a que esta obra fuera realizada, como la excelente amiga Claudia Elena Rodríguez Mendiola, de México quien con mucha dedicación realizo las correcciones literarias.

Creo que el mayor agradecimiento se los lleva Dios.

En cada palabra comenzando por el título, estrofas, pensamientos e inspiraciones ya sean vividas o entendidas, Dios ha estado ahí dando luz y conciencia para llegar a este punto en donde he podido llevar en letras la inspiración para crear este libro.

Gracias a Dios (como se dice habitualmente) es la manera simple y profundamente sentida de reconocer que él, a través mío ha permitido que plasmara las palabras que juntas formaron esta obra.

Esta afirmación solo confirma el contenido de este libro, todos tenemos infinidad de cualidades y virtudes, pero solo Dios permite que las manifiestes, y eso ocurre cuando estás comunicado con él.

Tu deseo es el primer componente, el segundo (y ahí viene la ayuda de Dios) es que creas que lo puedas cumplir, no necesitas nada más, suena fácil y simple, pues así es…

Pero no creas en mis palabras… solo practícalo en tu vida, y podrás confirmalo por ti mismo.

Gracias a Dios y a ti por haber elegido este libro.

El Autor

Sobre el autor

Mi nombre es Victor Roude hace años atrás escribí el libro de la serie El Nuevo Ser Humano, en esa obra describí las características que nos definen como seres humanos: Cuerpo, Mente y Espíritu e hice una reseña del recorrido que lleva la humanidad hasta nuestros días, a partir de ese tiempo muchos lectores me pidieron que escriba y hable de cómo profundizar el diálogo con nosotros mismo y sobre todo con el creador.

A partir de ahí se gestó esta obra, "7 Pasos para vivir cerca de Dios", la misma se ha concebido a manera de guía y se describen siete virtudes que te ayudaran a profundizar el diálogo con Dios y sobre todo ayudarán a que puedas ir creando tu camino de vida, en lo espiritual y también en lo personal.

Pretendo que mis vivencias y personal conexión con la fuente ayuden a muchos a mejorar su diálogo interno y con Dios.

Siempre es más fácil abrir las puertas desde adentro que desde afuera.

Gracias por estar aquí, sé que no llegaste hasta este lugar por casualidad, continúa caminando y en algún punto, sabrás que siempre estuviste acompañado.

Me lo contaron y lo olvide

Lo vi y lo entendí

Lo hice y lo aprendí

      Confucio 551 AC 479 AC

Si ya sabes lo que tienes que hacer y no lo haces entonces estás peor que antes.

          Confucio

www.VictorRoude.com

www.ElNuevoSerHumano.com

www.ingramcontent.com/pod-product-compliance
Lightning Source LLC
Chambersburg PA
CBHW031410040426
42444CB00005B/505